幸福生涯实践教程

主编 徐倩

学院：_____

班级：_____

学号：_____

姓名：_____

组别：_____

苏州大学出版社
Soochow University Press

图书在版编目(CIP)数据

幸福生涯实践教程 / 徐倩主编. -- 苏州：苏州大学出版社，2023.11(2024.7重印)
ISBN 978-7-5672-4589-1

Ⅰ.①幸… Ⅱ.①徐… Ⅲ.①幸福-高等学校-教材 Ⅳ.①B82

中国国家版本馆CIP数据核字(2023)第220705号

书　　名：	幸福生涯实践教程 XINGFU SHENGYA SHIJIAN JIAOCHENG
主　　编：	徐　倩
责任编辑：	刘一霖
装帧设计：	刘　俊
出版发行：	苏州大学出版社（Soochow University Press）
社　　址：	苏州市十梓街1号　邮编：215006
网　　址：	www.sudapress.com
邮　　箱：	sdcbs@suda.edu.cn
印　　装：	镇江文苑制版印刷有限责任公司
邮购热线：	0512-67480030　销售热线：0512-67481020
网店地址：	https://szdxcbs.tmall.com（天猫旗舰店）
开　　本：	787 mm×1 092 mm　1/16　印张：10　字数：172千
版　　次：	2023年11月第1版
印　　次：	2024年7月第2次印刷
书　　号：	ISBN 978-7-5672-4589-1
定　　价：	35.00元

凡购本社图书发现印装错误，请与本社联系调换。服务热线：0512-67481020

目 录 CONTENTS

开场白

寻找宝贝	003
1. 说你	005
2. 说我	008
3. 说课程	009

第一单元 幸福导论

01 你幸福吗	015
02 什么职业最幸福	016
03 幸福背后的理论	020

第二单元 积极情绪

刘凯的故事	029
01 情绪的影响	032
02 三个理论	033
03 两个方法	037

第三单元 积极投入

工作室的故事	043
01 一个理论	052
02 一个工具	053
陈琦的故事	057

第四单元 积极关系

张云的故事	063
波波老师的故事	064
独特的 IVT	065
01 关系的意义	073
02 沟通之道	078
03 DISC 理论	080
04 DISC 在团队中的运用	087

第五单元 积极意义

朱逸凡的故事	095
01 三重工作境界	098
02 探索生命意义	100
03 探索大学意义	104

第六单元 积极成就

石爱鹏的故事	111
01 成就的含义	113
02 绘制平衡轮	114

第七单元 幸福方法

01 实现幸福的方法	121
02 沙哈尔的 SPIRE 理论	123
03 翻转课堂准备	124

复习考试

01 回顾总结	127
02 考试安排	132
03 复习准备	134

附录 1	能力分析矩阵	137
附录 2	DISC 测评表	139
附录 3	绘制平衡轮	145
附录 4	日常生活安排表	147
附录 5	自评表	149
后记		151

开场白

幸福生涯课

目录

- **寻找宝贝**   003
  1. 说你   005
  2. 说我   008
  3. 说课程   009

寻找宝贝

- 1. 说你
- 2. 说我
- 3. 说课程

※ 神奇教室

※ 创意教室

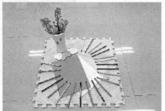

※ 神奇五样

看看谁中奖

1. 说 你

※ 用脚投票

1. 身体

2. 心情

3. 上过我的课

4. 五大学院

※ 认系友

人体雕塑

同学院的同学在一起，搭一个代表院系形象的雕塑。

※ 认老乡

老乡见老乡，
　两眼泪汪汪。

同乡请握手！

※ 记名字比赛

　　认识我是你们的荣幸。我是某某地区某某班的某某。我有无数优点。由于时间关系，我只说一个，那就是……因为……

※ 面对面建群

找到组织

分享信息

促进交流

※ 公布分组

谁和我同组？

2. 说 我

※ 求求你夸夸我

一个有故事的老师

一群眼里有光的学生

一个快乐而有温度的课堂

※ 我眼中的自己

称呼　　　　　　　　　　　　　　　　　　电话

有关爱的身份

职业　　　　生活

地点　　　　　　　　　　　　　　　　　　缘分

3. 说课程

❈ 教学内容

1. 幸福导论（第一单元）
2. 幸福的元素（第二至六单元）
   PERMA 理论 + 故事
3. 幸福的方法（第七单元）
   SPIRE 理论 + 翻转课堂
4. 个体咨询

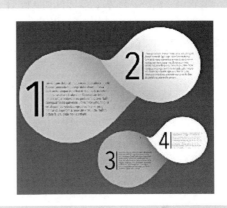

❈ 考核办法

1. 平时成绩 30%（考勤 + 表现 + 加分）
2. 技能成绩 30%（"送你一节课"）
3. 期末成绩 40%（优学院在线考试）

平时成绩	1. 考勤：缺课 1/4 就取消考试资格，请假须有假条；旷课一次扣 10 分，迟到、早退一次扣 5 分 2. 表现：互动与作业，优学院积分 3. 加分：手账制作 / 公众号推文	100 分
技能成绩	团队研究性学习实践项目"送你一节课"	100 分
期末成绩	优学院在线考试：判断题 + 主观题（含生涯故事、哈佛幸福课 PPT、生命平衡轮等）	100 分
总评成绩	平时成绩 × 30% + 技能成绩 × 30% + 期末成绩 × 40%	100 分

❋ 课堂约定

1. 保密（故事留下，感悟带走，PPT 征求同意）
2. 沉浸（在当下，带着身、心、脑一起）
3. 真诚（发自内心地认为）
4. 开放（不评价，空杯心态，倾听与发声）
5. 负责（准备一杯水，把自己照顾好）

❋ 课堂纪律

1. 只听一人言（不开小会）
2. 把"鸡"养起来（提前申明）
3. 按时来上课（迟到会受罚）
4. 垃圾请带走（违规要受罚）

❋ 送你一节课

以团队为单位，做 40 分钟的主角，你的课堂你做主。

一、必放内容

1. 巩固抢答（5 题，判断题）
2. 课程复盘（倡导以思维导图、课堂花絮图片、小视频等视觉化呈现方式复盘）
3. 生涯故事会（每人 8~10 分钟）
4. 带领做课间放松操或抢凳子游戏（类似"大风吹"）

二、选放内容

如创意布场、才艺表演、互动讨论……

作业与感悟

※ 布置作业

1. 每人准备生涯故事及照片等素材，小组讨论策划"送你一节课"
2. 下周第一组正式上台汇报
   将 PPT 课件提前上传至优学院小组作业端口。
   截止时间要求：汇报前一天晚 7 点上传，迟交者扣 5 分。

※ 课后感悟

要（你记得的要点）

感（你的感触、感悟、感动点）

动（你的改进行动）

Everybody is OK

第一单元
幸福导论

幸福生涯课

目录

- **01** 你幸福吗　　　015

- **02** 什么职业最幸福　　　016

- **03** 幸福背后的理论　　　020

01 你幸福吗

※ 你在哪个阵营

1. 普通人/干部、奖学金、竞赛
2. 17岁,18岁,19岁,20岁,21岁
3. 能把握学习　　是　　否
4. 能把握生活　　是　　否
5. 能把握自己　　是　　否

※ 幸福前测

1分=完全不同意,7分=非常同意

(　　)在绝大多数方面,我的生活接近理想状态。
(　　)我的生活条件非常好。
(　　)我对自己的生活非常满意。
(　　)至今我已经得到生命中所想要的东西。
(　　)如果我能重新生活一次,我也不打算改变什么。

总分 ＿＿＿＿＿＿

02 什么职业最幸福

❋ 分组讨论

你认为最幸福的职业

❋ 世界十大最幸福职业排行榜

盖洛普公司调研

1. 牧师
2. 消防队员
3. 理疗师
4. 作家
5. 特殊教育者
6. 教师
7. 艺术家
8. 心理学家
9. 理财师
10. 施工工程师

清华大学幸福小康指数调研

1. 自由职业者
2. 教师
3. 政府官员
4. 艺术工作者
5. 普通公务员
6. 导游
7. 民营企业家
8. 健身教练
9. 演员
10. 创业者

※ 钱多的职业就幸福？

伊斯特林悖论　　　　人均 GDP 达到 8 000 美元以
（边际效应递减）　　上，幸福感与收入无太大关系。

※ 有权的职业就幸福？

自由职业不自由

自由职业的背后是能力的自由

幸福 = 能力 – 欲望

自由职业的核心是职业，而不是自由。

一个人创业的特征：你一个人走通了专业能力出售的全产品链——专业能力封装、定价、宣传、销售、升级、财务保障……

自由职业的自由不是辞职的自由，而是选择的自由。这个选择的背后是能力的自由，因为说到底，让你不自由的，不是打卡，不是老板，不是不够专业，而是你缺乏能力。否则，即使你辞职去了珠峰顶、洱海边，你也不自由。

※ 什么职业最幸福

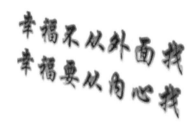

03 幸福背后的理论

※ 一个故事带来的思考

上游与下游

心理的上游与下游

心理的下游
焦虑、抑郁、愤怒、悲观……

心理的上游
幸福、充实、投入、希望、灵性、爱情、人生意义……

※ 有关心理学的研究

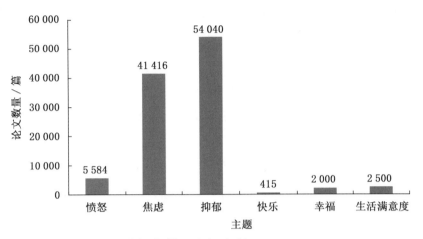

消极文献：积极文献 ≈ 20∶1

※ 积极心理学

疾病模式

精神疾病、愤怒、焦虑、抑郁、变态心理

关注人的劣势
克服不足
避免疼痛
逃避不愉快

健康模式

幸福、满足、愉悦、兴奋、快乐、心理健康

关注人的优势
接受自我
寻找快乐
追求幸福

治疗心理学 积极心理学

积极心理学（Positive Psychology），是心理学领域的一场革命，也是人类社会发展史中的一个里程碑，是一门从积极角度研究传统心理学所研究内容的新兴科学。

积极心理学作为一个研究领域的形成，以塞利格曼（Seligman）和契克森米哈赖（Csikszentmihalyi）在 2000 年 1 月发表的论文《积极心理学导论》为标志。积极心理学采用科学的原则和方法来研究幸福，倡导心理学的积极取向，以研究人类的积极心理品质、关注人类的健康幸福与和谐发展。

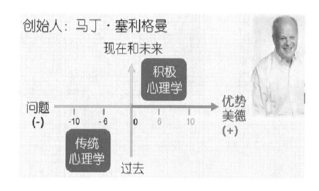

未来
行动

前世与今生

- 长长的历史（100 年）
  传统心理学
  　第一势力：精神分析
  　第二势力：行为主义
  　第三势力：人本主义

- 短暂的发展（20 年）
  积极心理学

- 时间：20 世纪 20 年代—60 年代
- 创始人：美国心理学家华生
- 主要人物：华生、桑代克、斯金纳

※ 代表人物

塞利格曼

马丁·塞利格曼

积极心理学的目标就是改变心理学狭窄的关注点，不仅帮助人们应对当前遇到的生命中最糟糕的事情，而且帮助他们建立积极的心理品质。

《真实的幸福》（2010年）

幸福1.0：积极情绪，投入和意义

《持续的幸福》（2012年）

幸福2.0：PERMA

沙哈尔

泰勒·本－沙哈尔

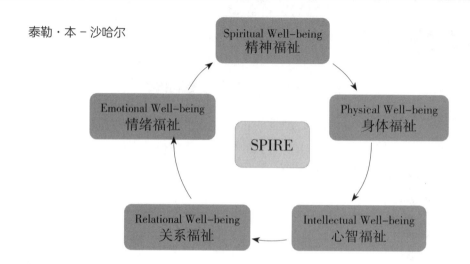

国内代表人物

彭凯平　　　　　　　　　　　樊富珉

※ 积极心理学

国际幸福日：3月20日

活出幸福感，你希望的美好都可能实现。

2012年6月28日，联合国发起了一个名为"国际幸福日"（International Day of Happiness）的倡议，把每年的3月20日定为"国际幸福日"，得到了世界上160多个国家不同组织和个人的响应。

※ 课后感悟

要（你记得的要点）

___

___

___

___

___

___

感（你的感触、感悟、感动点）

___

___

___

___

___

___

动（你的改进行动）

___

___

___

___

___

___

幸福 = 能力 - 欲望

第二单元
积极情绪

幸福生涯课

目录

- 刘凯的故事   029

- **01** 情绪的影响   032

- **02** 三个理论   033

- **03** 两个方法   037

刘凯的故事

※ 刘凯的喜事

2021 年 5 月 8 日

2023 年 8 月 3 日 21 点 25 分

※ 课堂讨论

刘凯的故事引起的共鸣

※ PERMA 理论

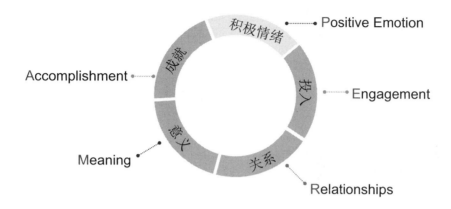

※ 幸福元素一

积极情绪
P
Positive Emotion

你改变不了一座山的轮廓，
改变不了一只鸟的飞翔轨迹，
改变不了河水流淌的速度，
所以只是观察它，
发现它的美就够了。

——克里希那穆提《关系的真谛：做人、交友、处世》

01 情绪的影响

※ 两种心态，两种后果

	悲先生	乐先生
压力事件 A	发现自己患病	发现自己患病
理解看法 B	我是个有病的人，以后再也不能像未病之前一样 我不可能再有人生乐趣 我注定"玩完"	我虽然有病在身，生活可能不能像以前一样，但我仍可享受人生，仍可做很多事情，我的人生一样可以过得丰富
情绪反应 身体反应 行为反应	灰心、心情低落、担心 不舒服、精神差、失眠 退缩、对事物失去兴趣	尽量保持心境平和 没有特别反应 积极求医、求助、自助 面对问题、适应问题
后果 C	影响身心健康，影响生活质量	保持身心健康和生活质量 尽量不受疾病影响

※ 洛萨达比例

职场和家庭里都有洛萨达比例。

职场：当积极情绪与消极情绪比例大于 2.9 : 1 时，公司蓬勃发展。

家里：为了获得亲密和充满爱的婚姻关系，积极情绪与消极情绪比是 5 : 1。你对配偶的每一句批评，最好都配有 5 句积极的话。

如果全是积极情绪，一点消极情绪都没有，也会有问题产生。重要的在于觉察到自己的情绪。很多时候在你观察到它的一刹那，消极情绪就已经消失了。

02 三个理论

※ 理论1：半杯水理论

没什么　　　　　　　　　　　　　　　垃圾

有什么　　　　　　　　　　　　　　　宝贝

Zero　　　　　　　　　　　　　　　　Hero

※ 理论2：长板理论

长板（优势）理论——教育中运用

每个人都身怀天赋，但如果用会不会爬树的能力来评判一条鱼，它会终其一生以为自己愚蠢。

——爱因斯坦

家长或老师的主要职责是帮助孩子找到他们的优势。

大脑的秘密

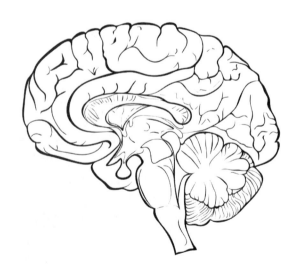

前额叶大脑皮质

左乐右悲

※ 理论3：双圈理论

关注圈：关注但无法施加影响的事情。

影响圈：能掌控或施加影响的事情。

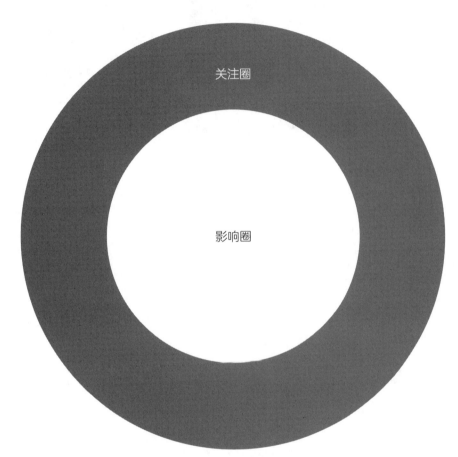

双圈理论——生活中运用

改变那些我能够改变的。　　　　　将能量聚焦在影响圈就幸福。
接纳那些我不能改变的。　　　　　将能量聚焦在关注圈就痛苦。

心理咨询与生涯咨询

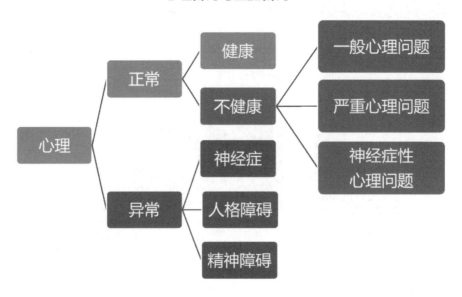

分值	1 分	2 分	3 分
持续时间	不到 3 个月	大于 3 个月 小于 1 年	1 年以上
痛苦程度	自控	外控	不可控
社会功能	轻微影响	效率降低	阻碍 / 泛化

3 分：生涯咨询

4~5 分：心理咨询

6 分及以上：临床治疗

03 两个方法

✳ 方法 1：三件好事

每天晚上写下今天发生的三件好事，以及好事发生的原因。

> 这些好事不用是升职、加薪、结婚、生子那样的大事，可以是日常生活中常见的小事，比如读到一本好书、吃到一道好菜、听到一个亲友的好消息、在公交车上有人为你让座、孩子今天会走路了，等等。

我们关注什么，就可能得到什么。践行美好，也会得到美好。践行每日三件好事，能让我们把关注事物的视角从消极向积极转变，同时增强幸福感，减少焦虑。

无行动，不幸福。行动中塑造幸福。

每天花 5~15 分钟，记录当天发生在身上的三件好事，如果可以，还可以写出好事引发的积极情绪感受。

举例：

1. 今天在公交车上有人给我让座，我非常开心，感谢这位让座的姑娘。
2. 今天在课上，之前不积极发言的几位同学积极发言，让我看到了他们身上平时没有被注意到的品质，很受鼓舞。
3. 忙完一天工作回到家，发现家人已经做好了可口的饭菜，感受到了满满的爱。

> 课堂练习：
> 请想一想，从昨天此刻到今天此刻 24 小时中发生在你身上的三件好事。

❋ 方法2：一念之转

分组讨论

1. 风雨交加的夜晚，摔倒在坑里？
2. 我出生在贫穷的家庭？
3. 没上本科院校进了高职院校？
4. 考试排最后一名？
5. 父母离异？
6. 失恋？

还好没有更糟！

那段经历带给我积极的一面是什么？

幸福的前提是能接纳不幸福的事件。

❋ 幸福箴言

POSITIVE EMOTION

Everybody is OK.

你连想改变别人的念头都不要有。要学习太阳，只是发出光和热。每个人接收阳光的反应有所不同，有人觉得刺眼，有人觉得温暖，有人甚至躲开阳光。种子破土发芽前没有任何的迹象，是因为没到那个时间点。只有自己才是自己的拯救者。

——荣格

▶▶ 作业与感悟

❋ 布置作业

1. 找一个最近让你难受的点，学会转念。

2. 开始记录每天三件好事（小确幸）。

❋ 课后感悟

要（你记得的要点）

_____

感（你的感触、感悟、感动点）

_____

动（你的改进行动）

_____

将能量聚焦在影响圈

第三单元

积极投入

幸福生涯课

目录

- 工作室的故事   043

- **01** 一个理论   052

- **02** 一个工具   053

- 陈琦的故事   057

第三单元 积极投入

工作室的故事

※ 我的故事——徐倩幸福生涯工作室

※ 两门课

学生的幸福生涯课

教师的职场幸福课

※ 两本书

第三单元 积极投入

※ 一个社团

拾梦织涯社

【冬至】

※ 拾梦织涯社

发 起

遇到困难
不用怕

敢于面对
积极应对

045

活 动

公众号

× 徐倩幸福生涯工作室

01 世界咖啡屋

每组定一个主题,其他同学给这位有主要压力的同学想办法,解决问题。主要有四个问题:没钱、护肤、懒、睡眠。

02 解决没钱问题

× 徐倩幸福生涯工作室

03 学长分享赚钱技巧

(气势!)
QQ看点/百家号/大鱼号:用浏览量吸金 做个标题党(笑脸)
纵横网、起点中文网:写小说赚钱

> 每期推歌
>
> 愿你能在人潮人涌的街头,与命中注定要陪你白头的人撞个满怀。而我饮下烈酒,也能熬过没有你的寒冬与深秋
> ——网易云音乐热评墙《勿念》

手 账

自媒体

性质1：思政社团

性质2：生涯社团

口　号

后援团1：学长团队

后援团2：大思政教师团队

不交社费的社团

寻找真正大学生活的社团

走进教材的社团

人人是社长的社团

❋ 我的故事——徐倩幸福生涯工作室

你生命的前半辈子或许属于别人，那么把你后半辈子还给自己，去追随你内在的声音

第三单元 积极投入

❋ PERMA 理论

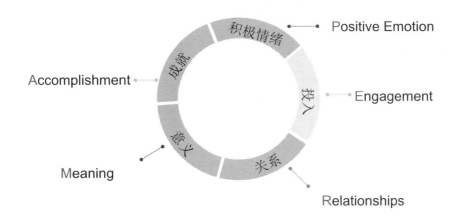

- 积极情绪 Positive Emotion
- 投入 Engagement
- 关系 Relationships
- 意义 Meaning
- 成就 Accomplishment

❋ 幸福元素二

投　入
E
Engagement

ENGAGEMENT

工匠精神

坚持（耐住寂寞，不为所动）

传承（推陈出新，古为今用）

专注（一心一意，有所为，有所不为）

持续改进（不断否定自我，修正自我）

追求极致（变不可能为可能）

01 一个理论

※ 心流理论

人在什么时候感到最幸福

心理学家米哈里（Mihaly）发现，当人们在专心致志地、积极地从事某种活动，忘记了时空和自己的时候，他们感到最为愉快和满足。这种状态称为"FLOW"（心流）——聚精会神、忘我的状态。（做喜欢和擅长的事情，做自己）

创造心流的两个前提：
一、给自己空间，给生活留白
心流是一种沉浸式体验。如果你每天都特别忙，是不太可能体验到心流的。
二、发挥自己的优势
只有在你做自己热爱且擅长的事情时，才可能获得心流。

02 一个工具

※ 能力管理矩阵

能力库

计算机应用、创意、分析、谈判协商、归纳总结、人际沟通、处理数字、授权、情绪管理、处理模糊问题、执行、决策、临场应变、监控推进、团队合作、预算、适应变化、评测检查、表演演示、事务管理、销售、时间管理、归类、机械使用、多任务管理、校对编辑、客户服务、概念化、资料收集、美术设计、评估、绘画、摄影、持续记录、写作、多语言应用、预见、领导力、观察。

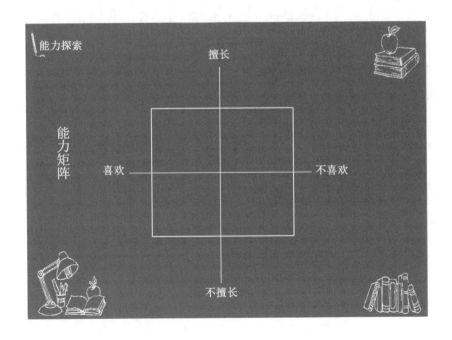

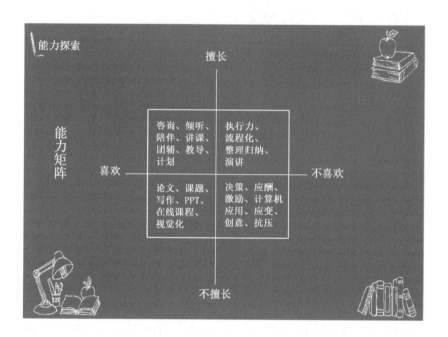

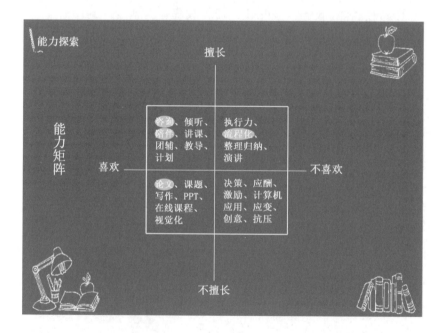

※ 能力管理矩阵

应用 1

	喜欢	不喜欢
高能力	幸福	倦怠
低能力	焦虑	痛苦

应用 2

	喜欢	不喜欢
高能力	聚焦优势 精进、外化	利用储存 重新定位、组合使用
低能力	培养潜能 选定、刻意学习	躲避盲区 躲避、授权、认真面对

※ 课堂讨论

寻找我的天赋优势

自评：_____
_____
_____

他评：_____
_____
_____

总结：_____
_____
_____

陈琦的故事

※ 结尾故事：陈琦的神奇经历

※ 陈琦的职业观

高中的时候我就在思考，以后我要做什么。我觉得我的职业观可能源于小时候的影响。小的时候我特别喜欢武侠小说。小说里有很多武功秘籍、神兵利器、藏宝图，当然也有各大帮派和各种大侠，而且这些大侠大部分从小开始练功，成年以后一般也都是身负绝世武功。小说里又有很多天马行空的内容，比如灵丹妙药、五行八卦、奇门遁甲等。这些小说使我对中国的传统文化产生了浓厚的兴趣，所以在电视上看到寻宝、墓葬发掘的栏目我就很感兴趣，碰到在某个传统领域里面很厉害的大师就很崇拜。

毕业之后我来到云南腾冲高黎贡手工造纸博物馆工作。因为单位是对外机构，我经常会碰到一些游客。有些游客知道我来自苏州后就很纳闷："苏州这么好，你为什么要跑到这么远的地方？""这是我的工作，而且是我很喜欢的事情，所以在哪里工作对于我来说没什么区别。"

我有两次实习经验，但实习的时候我都觉得做着不喜欢的工作很累，所以我一直积极地去寻找我想要的。这份工作是在微信上找到的，很偶然的一个机会。我一毕业就做了非专业内的工作，外人会很惊讶。但是这个选择是我进入大一，对我就读的专业（机电一体化）有了很深入的了解后才做的决定。

大二我就开始跟我的师父学习字画装裱，后来又跟另外一位老师学习古字画修复。我一直以字画修复师标榜自己，我现在学习手工造纸也是为以后在字画修复这条路上走得更好做铺垫。我觉得我是在圆我小时候的一个梦，成为"大侠"的梦。这个梦可能需要一辈子去圆，而且最后是否能圆我也不清楚，但至少我现在很高兴，也很快乐！

※ 幸福箴言

焦点在哪里,能量就流向哪里。
时间花在哪里,成果就出在哪里。

Rose is a rose is a rose is a rose！

成长,长成自己的样子

※ 课后感悟

要（你记得的要点）
_____
_____
_____

感（你的感触、感悟、感动点）
_____
_____
_____

动（你的改进行动）
_____
_____
_____

第四单元

积极关系

幸福生涯课

目录

- 张云的故事　063
- 波波老师的故事　064
- 独特的 IVT　065
- 01 关系的意义　073
- 02 沟通之道　078
- 03 DISC 理论　080
- 04 DISC 在团队中的运用　087

张云的故事

波波老师的故事

独特的 IVT

※ 独特的起点

　　我建议在苏州工业园区建立一所培训优秀工人的学院，为园区的外国投资者提供员工。这个学校所训练的技能，必须适应园区将来新产业的发展。这些工人必须牢记，他们要与中国和世界其他地方的工人进行竞争。外国投资者来到苏州，看到有这样一所学院，他们就会很快决定到园区来投资。

——新加坡第二任总理吴作栋（1997年5月）

- 学院是 1997—1998 年中国和新加坡两国政府成功合作的软件转移项目。
- 以新加坡南洋理工学院（NYP）为模版。
- 每年两校间有师生互派项目交流活动，所有专任老师接受 NYP 培训。

❋ 独特的体制

董事会领导下的校长负责制

深入的校企合作

优质就业

※ 独特的课堂

小班教学，理实一体化教学，实践环节≥50%

做中学

玩中学

Gameboy——学生创新项目工作室

※ 独特的关怀

跨文化交流

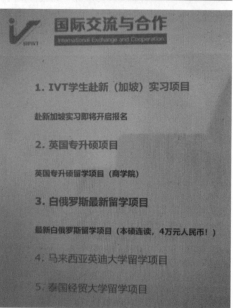

学生职业发展中心

❋ 独特的学生——人人皆可成功

❋ PERMA 理论

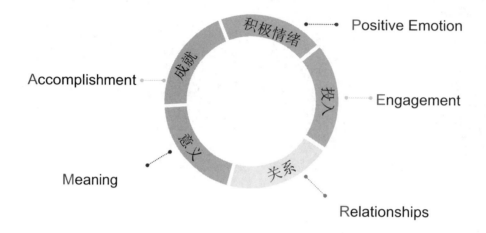

❋ 幸福元素三

关系
R
Relationships

01 关系的意义

※ 幸福元素三

RELATIONSHIPS

爱与被爱

    关系是幸福最重要的影响因素。原生家庭关系、恋爱或婚姻的质量、友谊的质量、社会支持力量是幸福至关重要的影响因素。

    关系的本质是爱与被爱。人际关系中，既有让我们感激的援手，也有无意的伤害。于是，我们学着感恩、宽容和谅解。当然我们更要学习贯穿于我们一生的主题：爱与被爱。

    人是社会关系的产物。生活中的角色越多越幸福，社会支持力量越多越幸福。

    幸福在于有情有爱。在婚姻关系方面，不论男人还是女人，已婚者通常比其他婚姻状态的人更幸福，最不幸福的是处于分居状态但尚未离婚的夫妇。

※ 强关系1：亲密关系

分组讨论

"爱情博士"：黄维仁

- 国际著名婚姻专家，顶尖华裔心理学家，旅美临床心理学家
- 2000年起，多次受到中国民政部邀请，做婚姻家庭主题演讲
- 2004年10月，应邀担任联合国世界家庭研讨会的主题讲员
- 2005年荣获美国西北大学"专业领域特殊贡献奖"

1. 谈恋爱可以让以往的创伤得以医治，因为它满足了深层心理需求。
2. 处理好这个关系，其他关系处理也将变得简单。
3. 有意义的爱的连接可增强免疫力。

爱的真谛

迷恋	真爱
瞬间发生，一见钟情	基于长期了解
基于片面的心理投射	基于全面的认知
自我中心	利他性
以激情与化学作用为主	以友情与亲密感为主
经不起时间考验	以意志承诺厮守终身

罗伯特·斯腾伯格爱情三角形理论

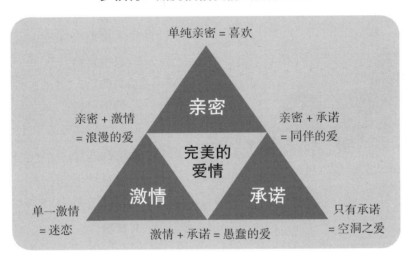

三脑理论

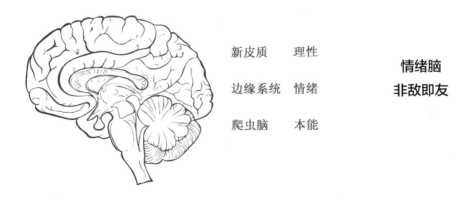

新皮质　　理性

边缘系统　情绪

爬虫脑　　本能

情绪脑
非敌即友

离婚的两个高危期

1. 平均婚龄 5.2 年
   能否处理好冲突
2. 平均婚龄 16.4 年
   能否增进情感

影响婚姻的九个因素

1. 人格不完善
2. 父母离婚
3. 同居史
4. 前次离婚
5. 前婚姻子女
6. 信仰差异
7. 太早结婚
8. 相处太短
9. 贫穷

※ 强关系 2：原生家庭

幸福的人用童年治愈一生，而不幸的人却在用一生来治愈童年。

——阿德勒

原生家庭自救指南

寻找真因，选择原谅。
不究过往，聚焦当下。
增强能力，经济独立。
表达需求，学会拒绝。
选择时机，说出感受。

我们没有资格批评父母。
我们是未来孩子的原生家庭。

仁爱父母的标准

真爱：对孩子无条件的爱。
真管：培养规则意识，运用21天理论。
夫妻关系第一：夫妻关系重于亲子关系。

※ 弱关系：其他重要他人

迪纳（Diener）和塞利格曼（Seligman）的研究发现，最幸福的大学生和其他大学生最不同的地方在于他们花更多时间与朋友聚会，结识新人并善于维护友谊。

一项研究表明，人如果每天花一些时间和他人进行深入的交谈，能有效增强幸福感。

02 沟通之道

❋ A FISH 沟通法

A（Ask for permission）：请求允许，开始正式沟通。

F（Fact）：说明事实及我对事实的理解。

I（I care）：我关注你的目的和顾虑，也请你理解我的目的和顾虑。

S（Suggestion）：我的提议如何？可以以问题方式引导。

H（Hear）：聆听对方的想法。

❋ 爱的五种语言

（美）盖瑞·查普曼

※ 情感账户

美国心理学家维拉德·哈利（Willard Harley）提出，情感账户是对关系中信任含量的一种比喻，"存款"能建立和修复信任，"取款"会毁坏和削弱信任。他把人际关系比作一个银行，我们的日常行为就好像从银行里"存款"和"取款"。每做一件让对方开心的事情，就是在对方账户里"存款"；每做一件让对方伤心的事情，就是在对方账户里"取款"。所以尽量避免"取款"，时常"存款"，才能长久地保持一段人际关系。

```
                爱、支持、肯定、赞美、关心、信任
                              │
                             存入
                              ↓
    批评   ←── 透支 ──  ┌─────────┐  ── 破产 ──→   出卖
    指责                │ 情感账户 │                  欺骗
                        └─────────┘                  背叛
                              │
                             支取
                              ↓
                    下指令，求助，获得支持
```

存一进百的智慧

1. 看到对方需要时"存款"
2. 体恤对方心理感受"存款"
3. 按照对方爱的语言"存款"

沟通的黄金法则：用别人喜欢的方式对他。

03 DISC 理论

※ 选一选

如果你可以成为这四种动物中的一种，你愿意成为什么？

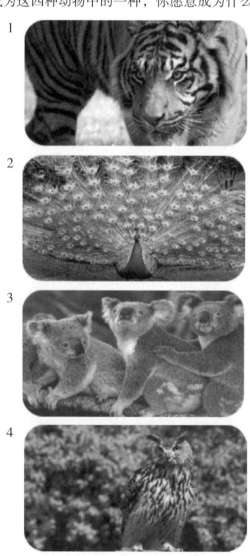

1

2

3

4

第四单元　积极关系

1928
《常人之情绪》

威廉·莫尔顿·马斯顿
William Moulton Marston
DISC 理论创始人
（测谎仪之父）

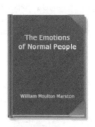

四种行为风格

Dominance　支配
Influence　影响
Steadiness　稳健
Compliance　服从

※ 学一学

维度1. 是任务导向还是人际导向
关注事 Things
关注人 People
维度2. 喜欢单刀直入还是委婉过渡
直接 Direct
间接 Indirect

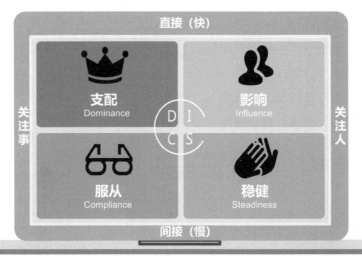

直接（快）

支配 Dominance
影响 Influence
服从 Compliance
稳健 Steadiness

关注事　关注人

间接（慢）

081

※ 测一测

随堂测评（附录2）

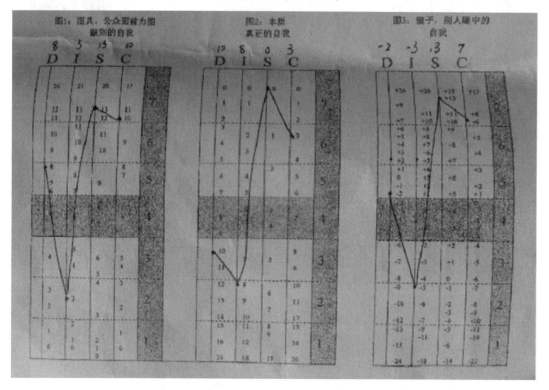

测评解读

- 主要风格：最高的点
- 次要风格：次高的点
- 混合性风格：两个或更多的点在中线以上
- 变色龙风格：四个点都在中线左右
- 个性越鲜明的人，觉得测试越准
- 图型一致：本我，面具，综合的你

✹ 画一画

按主要风格分组，20分钟内小组讨论，制作如下海报：
- 以海报呈现（钻石纸，艺术，图画，关键词）
- 中心部分：组名，成员签名
- 主体内容：
  优势与劣势
  团队中的角色
  搞定四种老板的策略

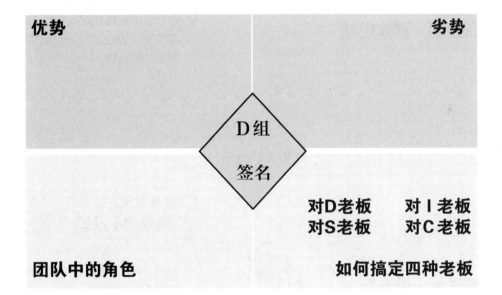

※ 议一议

D 型人的特质

脾气大，有魄力
高支配力的 D 型

快速决策，采取行动
一马当先，敢于负责
开门见山，直面要害
黑白分明，喜欢挑战

- ★ 主动与他人握手，而且很用力
- ★ 从来不怕目光直视对方，而且表情严厉，让人望而生畏
- ★ 说话的口吻常常是命令式的
- ★ 在谈话中经常打断别人
- ★ 经常被人指出说话快、做事快、走路快、吃饭快

I 型人的特质

爱说爱笑，有魅力
高影响力的 I 型

爱说话，爱交际
易冲动，易兴奋
善亲和，善沟通
没心机，没细节

- ★ 爱笑，而且是毫不掩饰地大笑
- ★ 总是忍不住想向人显摆一些"重要资料"
- ★ 喜欢与人高热度地握手，见面就熟
- ★ 十分健谈，尤其喜欢"煲电话粥"
- ★ 觉得大家说得都有道理，所以对每个建议都表示同意
- ★ 穿着很时尚，至少关注时尚
- ★ 讲话时有很多肢体语言
- ★ 被人说天真

S 型人的特质

认真稳健，待人友善
耐心平和，举止温雅
低调内敛，安全稳定
有令必从，工作踏实

没脾气，有亲和力
高稳定性的 S 型

- ★ 握手轻轻而友好
- ★ 总是安静和善，面带微笑
- ★ 能耐心地倾听他人说话，不时点头
- ★ 办公室里会放着家人的照片
- ★ 桌子上的东西井然有序，排列整齐
- ★ 一般说话慢、行动慢
- ★ 不轻易表态
- ★ 有兴趣做简单、重复的工作而不厌倦

C 型人的特质

讲求精准，一丝不苟
重视细节，就事论事
言行谨慎，考虑周全
井然有序，追求完美

不说不笑，有执行力
高遵从性的 C 型

- ★ 握手矜持而轻微
- ★ 办公室非常整洁有序
- ★ 说话逻辑性强
- ★ 很在意准时，一切必须按计划进行
- ★ 不习惯与人目光交流
- ★ 身体语言可能比较拘谨而谦恭，易愁眉苦脸
- ★ 爱纠正别人细微的错误

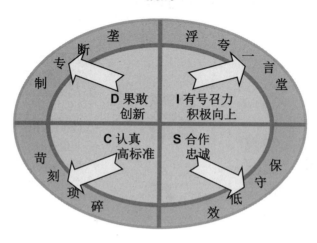

04 DISC 在团队中的运用

※ 组队原则

◆ 团队成员风格不宜太过一致
◆ 充分发挥每个成员的优势
◆ 对个人而言，应有意识地弥补个性中的不足
◆ 行为风格随着时间的流逝、工作的转换会发生变化

※ 团队中的角色

D 型：天生的领导者

对团队
- 提供方向与领导
- 推动团队做出决定

对人
- 果断，善于激励他人
- 善于带领他人创新
- 勇于接受挑战
- 善于克服障碍

对事
- 能看到全局
- 始终关注目标的实现
- 在压力下依然运作自如

I 型：天生的沟通者

对团队
- 能推动团队活动
- 能创造和谐的环境

对人
- 善于表达，富有幽默感
- 善于影响和激励他人
- 善于与人合作
- 容易接受他人

对事
- 对突发事件应对自如
- 愿意发表见解
- 态度积极乐观

S型：天生的协调者

对团队
- □ 能融入团队
- □ 有强烈的团队归属感
- □ 能考虑到整体与局部
- □ 努力建立和谐关系

对人
- □ 善解人意，善于观察
- □ 真挚，使别人有归属感
- □ 性情平和，对别人有耐心

对事
- □ 务实，能与人分享专业技能
- □ 忠诚可靠，做事让人感觉很稳妥

C型：天生的组织者

对团队
- □ 提出问题能切中要害
- □ 能分析困难与障碍
- □ 控制细节，处事谨慎

对人
- □ 愿意与人共担风险与责任
- □ 努力达成意见的一致

对事
- □ 工作讲求方法，关注质量
- □ 思维有逻辑性，工作有系统
- □ 事必躬亲，建立并维护系统

案例分析

唐僧师徒四人各属于什么类型？
- ◆ 孙悟空：强人领导型——倔强，果断，有创意
- ◆ 猪八戒：社交影响型——积极，乐观，外向
- ◆ 沙和尚：稳定可靠型——随和，稳定，重关系
- ◆ 唐三藏：深思熟虑型——完美主义，安分守己

※ 搞定不同老板的策略

最难的问题来了……

如果他们是老板，怎么搞定他们呢？

D 型领导

D 型领导特质：

1. 直接，控制，独断
2. 独立，追求成功的动机强烈
3. 喜欢掌握状况
4. 好胜，企图心强
5. 不信任别人
6. 较少关心别人或激励别人
7. 喜欢挑战
8. 容易与人保持距离
9. 主观与自负

I 型领导

I 型领导特质：

1. 良好的沟通与说服能力
2. 乐观，口才好，较圆滑
3. 对人际关系的感受较敏感
4. 喜欢团队的气氛
5. 即兴，步调快
6. 容易信赖别人，有很好的人脉
7. 做事较冲动
8. 不太重视细节的个性会让效率打折
9. 重视面子及第一印象

给 D 型员工的策略：
1. 别和领导正面"杠"
2. 告诉他你做这件事情的明确回报
3. 领导需要权力和权威，尊重他

给 I 型员工的策略：
1. 做好自己的时间管理，让自己有效率
2. 谨慎地用字遣词，以免造成不当的联想
3. 把风头让给领导，别太浪

给 S 型员工的策略：
1. 提高效率，别等到领导催你再交活
2. 领导喜欢干脆，但你别给他"挖坑"
3. 理解领导风风火火，唯一不变的就是改变

给 C 型员工的策略：
1. 领导不会跟你解释太清楚，所以你要善于问
2. 别执着于义理之争，忽略身份和职位
3. 有规划，更要有行动

给 D 型员工的策略：
1. 学会感谢领导的肯定和鼓励
2. 用你的效率告诉领导当前工作的重点
3. 避免太快做决定或冲得太快

给 I 型员工的策略：
1. 别在领导情绪不好的时候谈事情
2. 适当跟领导保持距离
3. 权责要分清楚，就事论事

给 S 型员工的策略：
1. 主动汇报工作进度
2. 领导的不耐烦不是针对你，他只是觉得无聊
3. 领导天马行空的想法你可以选择性无视

给 C 型员工的策略：
1. 别对领导要求太多，适当放弃你的原则
2. 领导天马行空的想法，需要你拉回现实
3. 给领导提供专业的分析，保证准确度和效率

S 型领导

S 型领导特质：
1. 对人十分友善
2. 做起事情来慢条斯理
3. 随和，比较没有原则
4. 喜欢团队的气氛
5. 温和地表达情绪
6. 过分小心
7. 会关心他人

给 D 型员工的策略：
1. 收敛自己的主观，自信，勿咄咄逼人
2. 多给领导一些考虑时间
3. 没有预告就做出改变

给 I 型员工的策略：
1. 多注重细节，有耐心
2. 自信是对的，但是盲目自信就不好了
3. 提出新点子的时候告诉领导是有先例可循的

给 S 型员工的策略：
1. 注意效率
2. 注意效率
3. 注意效率

给 C 型员工的策略：
1. 多问问领导的想法，别自己闷头想
2. 别空有策略、规划，却无强执行的能力
3. 主动承担一些责任

C 型领导

C 型领导特质：
1. 凡事都讲求精准，重流程
2. 对品质的要求很高
3. 就事论事
4. 比较严肃和理性，没有太多的口语表现和肢体动作
5. 欠缺变通

给 D 型员工的策略：
1. 做事之前先问清楚
2. 注重做事的流程和规则
3. 慢工出细活

给 I 型员工的策略：
1. 专注做事，别想太多
2. 不要把情绪带到工作中
3. 注重细节

给 S 型员工的策略：
1. 注意效率
2. 主动承担一些责任
3. 勇敢地提出自己的想法

给 C 型员工的策略：
1. 别太注重细节，否则会降低效率
2. 多注意别人的感受，增强互动
3. 适当地放松

作业与感悟

※ 布置作业

1. 完成测评。
2. 如需解读，找老师预约咨询。

※ 课后感悟

要（你记得的要点）

感（你的感触、感悟、感动点）

动（你的改进行动）

幸福在于有情有爱

第五单元
积极意义

幸福生涯课

目录

- 朱逸凡的故事　　　　095

- **01** 三重工作境界　　　　098

- **02** 探索生命意义　　　　100

- **03** 探索大学意义　　　　104

朱逸凡的故事

工作世界的探索

网站	内容	网址	备注
百度	研发工程师基本条件		需要机、电、软件等知识
知乎	学习什么能适应机器人研发工作	https://www.zhihu.com/question/2650	需要机、电、软件等知识
百度百科	中国制造2025	https://baike.baidu.com/item/%E4%B8%	偏创新，可能更需要研发型人才
QQ	QQ部落：机械原理部落		可以用所学的来帮助别人，也可以学到我想要的
微信	公众号：机械工程师资料		理论知识提升
微信	公众号：CAD自学网		必学
我要自学网	SolidWorks教学		形象化产品设计

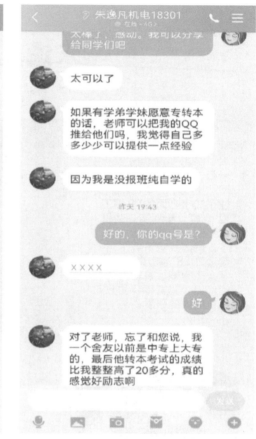

第五单元　积极意义

※ PERMA 理论

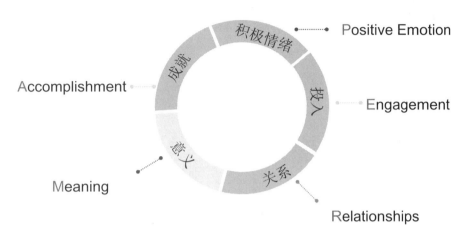

※ 幸福元素四

意义
M
Meaning

01 三重工作境界

❋ 案例导入

有三个建筑工人在共同砌一堵墙。这时,有孩子走过问他们:"你们在干什么呀?"

第一个人悻悻地说:"你没看见吗?在垒墙。"

第二个人认真地说:"我们在建一座很大的房子。"

第三个人快乐地说:"我们在盖一座非常漂亮的房子。不久的将来,这里将变成一个美丽的花园。人们会在这里幸福地生活。说不定你的爸爸妈妈也会带着你住进来呢!"

课堂讨论:你认为砌墙、造房子与建家园有什么区别吗?

10年以后,

第一个人仍是一名只会砌墙的建筑工人。

第二个人成了这支建筑队的队长。

第三个人成为一名拥有20支建筑队的大型建筑公司的总经理。

※ 三重工作境界

| Job | Career | Calling |

工作是谋生的手段　　工作是向上爬的阶梯　　工作是探索和表达生命意义的过程

要活着，不得不做，好累啊，只有钱能感动我了。　　我要努力地表现，才能被看见，竞争压力好大啊。　　工作就是滋养自我，就是我要的生活，能让我"活出生命的意义"。

读的时候会感受到什么？成长，希望，动力十足。

※ 推荐书籍

榎本英刚

02 探索生命意义

❋ 生涯体验活动 1

集体讨论

- 假如你有 5 000 万元,你会……?

- 最喜欢的电视节目、网站、App 是什么?
- 如果你只剩下 24 小时的生命,你会做些什么,与谁在一起?
- 假如你能改变自己一样东西,那么它将会是什么?

❋ 生涯体验活动 2

大话王游戏

两人搭档,轮流说,不能重复(5 分钟)。

"我特想成为……(某个职业),因为这工作……(能带给我什么或哪个部分让我喜悦)"

例:我特别想成为生涯咨询师,因为这工作能让我帮助到别人。

八卦王游戏

你对他有怎样的发现:刚才这个人给你留下怎样的印象,他有怎样的特质?

对大家的评判认同吗? 10 分表示非常对,0 分表示不对。你打多少分?

你对自己有怎样的发现?

纯粹意愿

- 纯粹意愿是没有理由的热爱。
- 纯粹意愿本身就是目的，而不是为了达成其他目的。
- 纯粹意愿完全自然地涌现，而不是因恐惧与不安产生。
- 纯粹意愿滋养心灵，而不是折磨心灵。
- 纯粹意愿是与生俱来的，而不是经过头脑思考的结果，也许是遗传，也许是环境的影响，也许是后天的经历造就。它与你的兴趣、天赋、优势相关。
- 找到纯粹意愿，打磨它。它可推动你持续成长，不需外力激励，不惧困难阻挡。
- 如果把你的纯粹意愿比喻成一颗种子，当你知道了自己的纯粹意愿时，你需要做的就是投入时间和精力培养它。在它发展的过程中，你实现了个人的成长，还带动了他人的成长，为他人和社会创造了更多的价值，也能感受到自己存在的价值。

※ 生涯体验活动 3

内心向往成为的英雄

1. 假设你的内心向往成为一个英雄，你觉得这个英雄会是什么样的？用关键词表达（3个以上）。你看到了什么，听到了什么？
2. 未来3~5年你会打造怎样的身份？
3. 为什么这对你那么重要？你还有什么更深层次的感受？
4. 要实现这一身份需要具备什么能力？
5. 你将采取哪些行动？
6. 第一步做什么？你将于何时何地做这事？

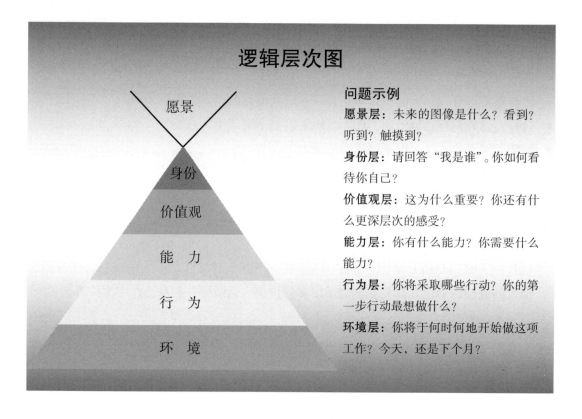

※ 生涯体验活动 4

我最珍贵的五样东西

请准备一张纸和一支笔，在白纸上写下自己认为最重要的五样东西。这五样东西可以是实在的物体，如食物、水或钱，也可以是人和动物，比如父母、朋友或狗；可以是精神的追求，也可以是爱好和习惯；可以是抽象的事物，也可以是具体的物品。

总之，自己尽可能天马行空地想象。只要把自己内心最珍贵的五样东西写出来就可以了。

❋ 生涯体验活动 5

生命意义比喻

完成填空题（多用想象力，用右脑）

我是 _____（比喻），我此时此刻来到这个世界是为了 _____（创造的价值和影响）

举例：
- 我是太阳，我此时此刻来到这个世界是为了给人带来光。
- 我是猫，我此时此刻来到这个世界是为了自信优雅地生活并感染周遭。
- 我是风，我此时此刻来到这个世界是为了把花香带到任何地方。
- 我是树叶，我此时此刻来到这个世界是为了体验世界中的风。

03 探索大学意义

如何让当下的大学生活过得有意义？

※ 空心病

徐凯文（北京大学副教授，临床心理学博士，精神科主治医师，北京大学心理健康教育与咨询中心副主任、总督导）

空心病看起来像是抑郁症，情绪低落、兴趣减退、快感缺乏，如果到精神科医院就诊的话，一定会被诊断为抑郁症，但是问题是所有的药物都无效。

非常优秀的年轻人，在成长过程中没有明显创伤，生活优越，却感到内心空洞，找不到自己真正想要的，就像漂泊在茫茫大海上一样，感觉不到生命的意义和活着的动力，甚至找不到自己。

"空心病"是一个比较形象的说法，也许我们可以把它称为"价值观缺陷所致心理障碍"。

※ 大学怎么过

大学你是想这样过？

还是想那样过？

甲：我很羡慕大冰、小鹏这样的人，所以我平时都在关注他们的信息，并为自己的假期旅行制订计划、积攒资金。也许，我并不能成为他们那样的职业旅行家，但是我希望能拥有自己的间隔年。

乙：我很喜欢电子乐，所以我在课余时间会自学弹键盘和音乐制作。我计划未来像山水唱片厂牌的掌门人 SULUMI（孙大威）那样拥有自己的独立电子音乐厂牌，并出版自己的 DIY 唱片。我一直在努力学习如何去实现这个梦想。

丙：我计划在网络平台上开个童装店，将衣服销到国外，获得我人生的第一桶金。我已找到进货渠道。

丁：找一群志同道合的人，共哭、共笑、共唱、共跑，把自己活好，再给别人带来点什么，做点让自己感动的事情。

※ 课堂讨论

使大学生活更有意义的三件事？

※ 课后感悟

要（你记得的要点）

感（你的感触、感悟、感动点）

动（你的改进行动）

活出生命的意义

第六单元
积极成就

幸福生涯课

目录

- 石爱鹏的故事 … 111
- **01** 成就的含义 … 113
- **02** 绘制平衡轮 … 114

石爱鹏的故事

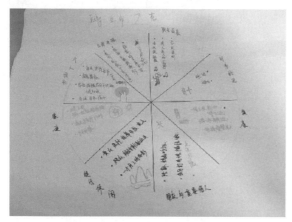

❋ PERMA 理论

幸福五元素

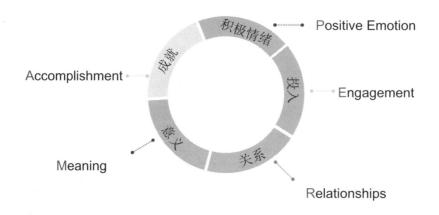

❋ 幸福元素五

成就
A
Accomplishment

01 成就的含义

※ 做自己

倾听自己内心的声音……
你想成为什么样的人?
你想过什么样的生活?

※ 生命平衡

02 绘制平衡轮

※ 第一步

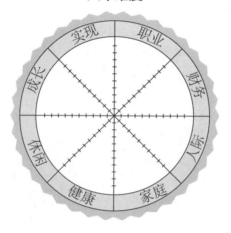

八个维度

※ 第二步

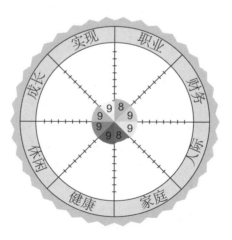

满意度打分

第六单元 积极成就

❋ 第三步

成就事件

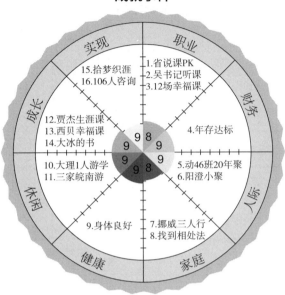

❋ 第四步

规划明年

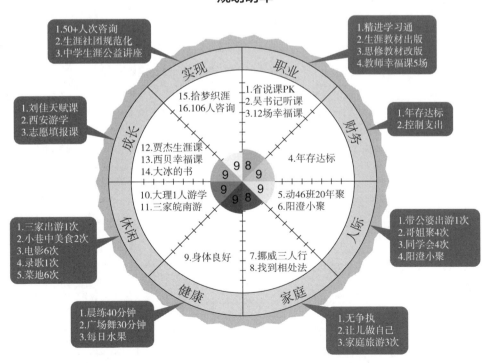

✽ 绘制日常生活安排表

日常生活安排表

_____ 学期第 _____ 周 _____ 月 _____ 日至 _____ 月 _____ 日

项目	星期一	星期二	星期三	星期四	星期五	星期六	星期日
6:00—8:40							
8:40—10:10							
10:25—11:55							
11:55—13:30							
13:30—15:00							
15:15—16:45							
17:20—20:00							
20:00—22:30							
幸福分							
成就分							
快乐吗？如果有，"小确幸"是什么？如果没有，原因是什么？							
学到了什么？如果没有，原因是什么？							
创造了什么？如果没有，原因是什么？							
感恩了什么？如果没有，原因是什么？							
做错了什么？如果没有，那做对了什么？							

作业与感悟

※ 布置作业

绘制完成生命平衡轮

- 上传地址：优学院个人作业端。
- 截止时间：今晚 22 点 30 分。
- 内容要求：中间部分盘点今年（满意度打分及成就事件）；外围部分展望明年（每个维度 1~3 项挑战计划）。
- 表现形式：以一页 PPT 图示法呈现。

※ 课后感悟

要（你记得的要点）

感（你的感触、感悟、感动点）

动（你的改进行动）

幸福就是活成自己想要的样子

第七单元
幸福方法

幸福生涯课

目录

- **01** 实现幸福的方法   121

- **02** 沙哈尔的 SPIRE 理论   123

- **03** 翻转课堂准备   124

01 实现幸福的方法

✻ "五施"

✻ "八正法"

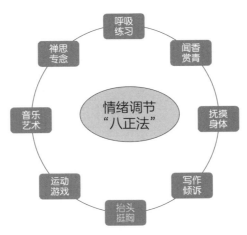

✽ 幸福卡牌

图示卡

我们能通过图像来投射我们的潜意识,在看到一张图片时的不同的心境。

语言卡

父母的语言,语言的力量。有力量和智慧的语言能够更好地激活大脑的神经元,增加神经回路。

行动卡

知行合一,唯有行动才能产生价值。Value in action now! 关注当下。

02 沙哈尔的 SPIRE 理论

※ SPIRE 理论

10条科学路径带你拥抱

1. **意义之路**
   赋予人生意义，才能走得更高、更远。

2. **正念之路**
   当下即是生活，是一种人生哲学，
   也是处事智慧。

3. **运动之路**
   身心合一、知行合一，才能健康无忧。

4. **疗愈之路**
   自我疗愈是生活中随时可取的灵丹，
   也是治愈心灵的良药。

5. **失败之路**
   突破负面心态，失败是成功的必经之路。

6. **自省之路**
   不囿于过去、不困于现在、不焦虑将来是
   可以习得的人生智慧。

7. **关系之路**
   关系是幸福的第一预测要素。
   你拥有真实并良好的人际关系吗？

8. **给予之路**
   给予是一种能力，是真正意义上的富有。

9. **接纳之路**
   抛开执念、接纳自己，才能成为最好的自己。

10. **感恩之路**
    感恩是一切爱和美好的开始。

现在就加入我们，
开启属于你的幸福之旅！

 HAPPINESS STUDIES ACADEMY

03 翻转课堂准备

※ 布置作业

哈佛幸福课自主学习并准备翻转课堂授课

- 自主学习：按组收看哈佛幸福课对应章节视频。
- 制作个人 PPT 并上传：各自完成，上传至优学院。
- PPT 一对一辅导：下周上课时间。
- 完成小组作业并上传：合作完成，上传至优学院。
- 翻转课堂：再下周各组讲课。

※ 课后感悟

要（你记得的要点）

_____

_____

_____

_____

感（你的感触、感悟、感动点）

_____

_____

_____

_____

动（你的改进行动）

_____

_____

_____

_____

复习考试

幸福生涯课

目录

- **01** 回顾总结　　　127

- **02** 考试安排　　　132

- **03** 复习准备　　　134

01 回顾总结

✻ PERMA 理论

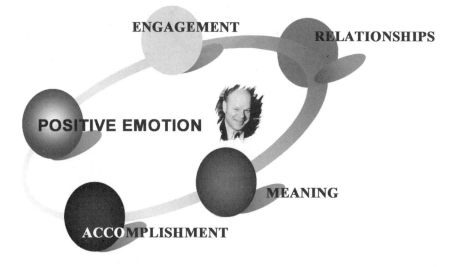

幸福之路　成长之路

1. P：积极转换看人生
2. E：全情投入待事业
3. R：平衡关系收情谊
4. M：链接意义得快乐
5. A：幸福源于做自己

✳ SPIRE 理论

我们的身体活力如何？我们照顾好自己的身体了吗？我们有时间休息与恢复体力吗？

我们是否有意义、有目标地活着？我们是否活在当下？

我们在不断学习新东西吗？我们在深度学习吗？我们经历的失败足够多吗？

我们是否能体验愉悦的情绪？我们是否能接纳痛苦的情绪？我们感激我们拥有的一切吗？

我们是否滋养着那些一直滋养我们的人际关系？我们是否与我们关心和关心我们的人度过高质量的美好时光？我们是给予者吗？

运动之路
疗愈之路

失败之路
自省之路

关系之路
给予之路

接纳之路
感恩之路

意义之路
正念之路

※ 幸福后测

1 分＝完全不同意，7 分＝非常同意

- 在绝大多数方面，我的生活接近理想状态。　（　　）
- 我的生活条件非常好。　（　　）
- 我对自己的生活非常满意。　（　　）
- 至今我已经得到生命中所想要的东西。　（　　）
- 如果我能重新生活一次，我也不打算改变什么。　（　　）

总分 _____

31~35 分：极为满意
26~30 分：满意
21~25 分：有些满意
20~24 分：中间状态
15~19 分：有些不满意
10~14 分：不满意
 5~9 分：极为不满意

前测总分（　　）– 后测总分（　　）＝（　　）

※ 推荐书籍

塞利格曼

沙哈尔

王鹏程

※ 我对幸福的理解

- 幸福的人更易成功。成功的人不一定幸福。获得幸福的基石只有一个：找到真正的自己。

- 幸福就是经过努力，把日子一天天过成自己想要的样子。

- 幸福 = 快乐 + 意义，先自己幸福，满溢后使别人幸福。

从明天起，做一个幸福的人。喂马，劈柴，周游世界……面朝大海，春暖花开。

02 考试安排

❈ 考试时间

- 画一画：生命平衡轮（第 14 周）
  "今年"与"明年"。
- 说一说：盘点规划（第 14 周）＆哈佛幸福课（第 15、16 周）
  "分享"与"倾听"。
- 写一写：复盘与感悟（第 17 周）
  "自己"与"别人"。

❈ 期末在线考试流程

现场：候考（20 分钟）

一、考生签到：优学院—课堂—点名处数字码签到

二、交代注意事项

1. 考试工具：手机或电脑只能使用一种，充好电。

2. 考试时间：60 分钟。

3. 作弊情况：代考，雷同，截屏，退出考试页面等。

4. 备好上交文档："生涯故事"Word 版、"哈佛幸福课"PPT 版，"生命平衡轮"图示 PPT 版。

5. 开放题：自由书写，尽可能多写。

考试端：考试（60分钟）

一、客观判断题（30分）
　　题库中随机抽取 30 题。

二、幸福理论题（10分）
　　题库中抽 1 题。

三、幸福故事题（10分）
　　题库中抽 1 题。

四、生涯故事题（10分）

五、哈佛幸福题（10分）

六、生命平衡轮（10分）

七、课程感悟题（10分）

八、课程评价题（10分）

03 复习准备

※ 理论故事题

理论：PERMA 理论；SPIRE 理论；十条路径；半杯水理论；长板理论；第十名理论；双圈理论；DISC 理论；心流理论；伊斯特林悖论；AFISH 沟通法；SMART 原则；爱的五种语言；情感账户；爱情三角形理论。

故事：刘凯的故事；工作室的故事；陈琦的故事；张云的故事；波波老师的故事；IVT 的独特故事；朱逸凡的故事；石爱鹏的故事。

※ 附件文档

1. 生涯故事题
   Word 附件："送你一节课"中生涯故事的文字版。
2. 哈佛幸福题
   PPT 附件：个人或小组授课 PPT，或两个均放。
3. 生命平衡轮
   PPT 附件：一页 PPT 图示。

※ 课程感悟题

1. 要：三个印象最深的要点。
2. 感：一个真实的感受及要感谢的人或事。
3. 动：一个因此课而发生的行动改变。

当然，不限于数字，越多越好。

※ 课程评价题

1. 课程评价（真实即可，无须顾虑）

（1）幸福前测 _____ 分，后测 _____ 分，有怎样的变化？

（2）课程满意度：（　　）　　A.满意　B.较满意　C.一般　D.不满意

（3）本学期最喜欢的老师：（　　）A.此课教师　B.无　C.其他 _____

（4）本学期最喜欢的课：（　　）A.此课　B.无　C.其他课 _____

2. 课程建议

（此课哪里好，可以夸夸；此课哪里让你难受了，可以吐槽；当然，更想听听你有哪些增强本课实用性、趣味性的金点子）

_____
_____
_____
_____
_____
_____
_____
_____
_____
_____
_____
_____
_____
_____
_____
_____
_____
_____
_____
_____

幸福=快乐+意义

附录 1

能力分析矩阵

姓名：_____ 时间：_____

计算机应用	创意
分析	谈判协商
归纳总结	授权
情绪管理	处理模糊问题
执行	决策
临场应变	监控推进
团队合作	预算
人际沟通	处理数字
适应变化	评测检查
表演演示	事务管理
销售	时间管理
归类	机械使用
多任务管理	校对编辑
客户服务	概念化
资料收集	美术设计
评估	绘画
持续记录	写作
多语言应用	预见
领导力	观察
摄影	

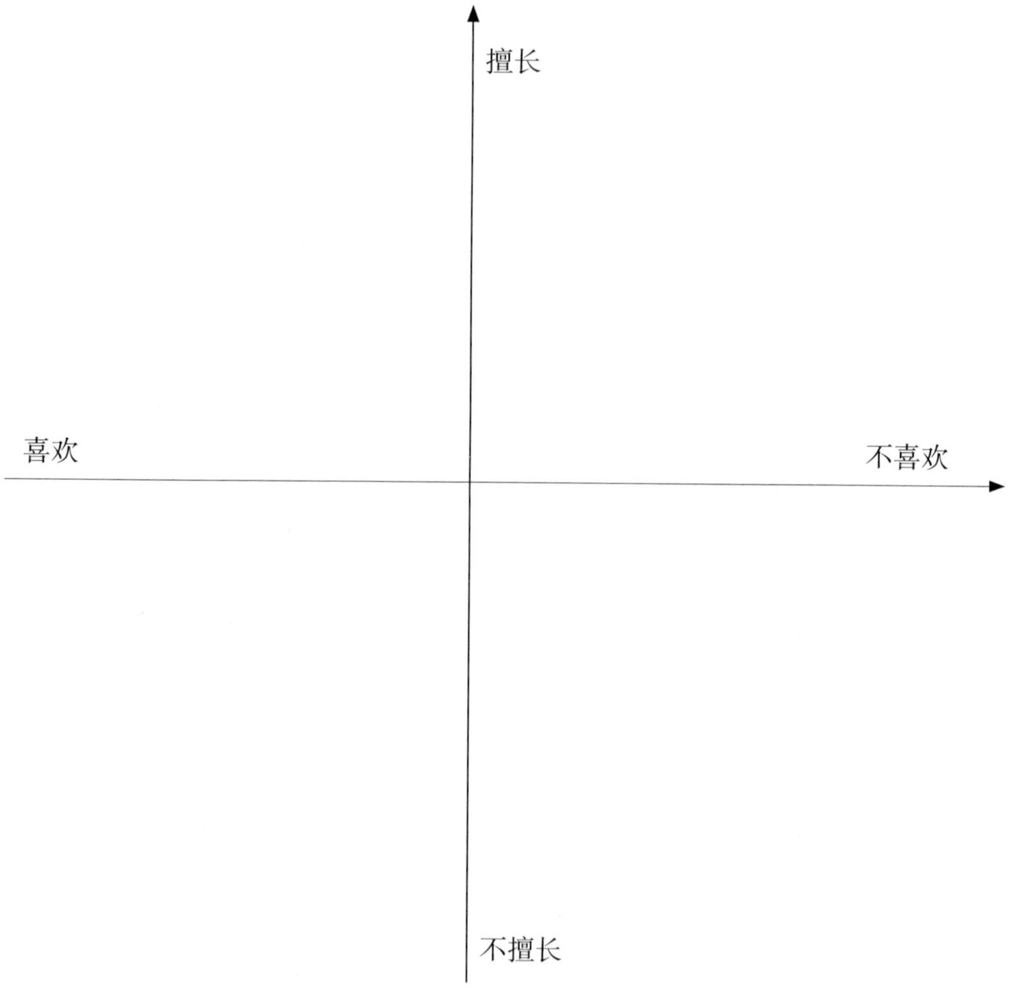

擅长

喜欢 ———————————————|——————————————→ 不喜欢

不擅长

附录 2

DISC 测评表

沟通与内在风格分析

说明：

仔细阅读每组的四个描述，每组当中要选出两个，一个是最像你的，一个是最不像你的。最像你的那个选择用笔圈上该项前的"M"，最不像你的那个选择用笔圈上该项前面的"L"。记住：每组中你只选一个最像自己的描述和一个最不像自己的描述。注意：要实事求是。

1	M L 兴致勃勃：对事物感到兴奋 M L 敢作敢为：勇于冒险 M L 交往得体：彬彬有礼，尊重他人 M L 满足：心满意足	8	M L 泰然自若：做事充满信心 M L 敏锐的观察力：细心、善于观察 M L 朴实：从不自吹自擂 M L 性急：坐立不安，喜欢有所变化
2	M L 谨慎：小心 M L 有决定力：持之以恒 M L 有信服力：能说服他人赞同或相信 M L 性情温和：善良、顺服	9	M L 圆滑：遣词谨慎 M L 随和：愿意赞同别人的意见 M L 有魅力：能吸引别人 M L 坚持观点：坚信自己的观点
3	M L 友善：乐于与人共处 M L 精密准确：按照要求处理事情 M L 坦率：说话毫不掩饰自己 M L 冷静：不易受外界干扰	10	M L 勇敢：有勇气、无畏 M L 善于鼓舞人：激励别人去做某事 M L 乐于服从：顺从、温和 M L 胆怯：害羞、缺乏信心
4	M L 多话：滔滔不绝 M L 自制力强：善于掩饰自己的情感 M L 循规蹈矩：惯于按常规方法行事 M L 果断：速断速决	11	M L 拘谨：沉默寡言、自制 M L 恳切：乐于助人 M L 意志坚定：不轻易让步 M L 活泼：快乐、积极
5	M L 具有冒险精神：勇于尝试新事物 M L 具有洞察力：能看清事实 M L 善交际：乐于与人交往 M L 适中：不偏激	12	M L 激发性：令人振奋 M L 仁慈：愿意施与或分享 M L 有洞察力：能够理解所发生的事情 M L 独立性：不依赖别人
6	M L 温和：仁慈待人 M L 有说服力：能说服他人 M L 谦虚：不骄傲 M L 善于创新：用新的方法处理事情	13	M L 好胜：渴望获胜 M L 体谅：关心他人 M L 欢乐愉快：充满活力、无忧无虑 M L 隐秘的：不贸然暴露想法
7	M L 善于表达：懂得表现情感 M L 认真：谨慎专注 M L 支配欲强：喜欢处于控制地位 M L 反应力强：对别人的言行能做出积极反应	14	M L 挑剔：要求事物丝毫不差 M L 顺从：愿意听从指示 M L 坚定：不改变主张、心意 M L 调皮：喜欢耍乐

续表

15	M L	有吸引力：令人喜爱	22	M L	感情用事：行动不经过太多思考
	M L	自我省察：深思熟虑		M L	内向：为人隐秘、孤僻
	M L	固执：拒绝妥协		M L	坚强：有魅力、有威信
	M L	可预测的：始终如一		M L	悠游自在：不轻易感到心烦意乱
16	M L	有逻辑性：仔细地考虑问题	23	M L	善于交际：喜爱与众人交往
	M L	大胆：敢于冒险		M L	优雅：具有良好的举止风度
	M L	忠心：忠于朋友		M L	精力充沛：行动强而有力
	M L	迷人：讨人喜欢，有吸引力		M L	宽宏大量：慈悲为怀、宽容谅解
17	M L	平易近人：对人亲切	24	M L	俘获人心：使人神魂颠倒
	M L	有耐心：心平气和		M L	安于现状：容易满足
	M L	自信：相信自己		M L	苛求：利用强权达到目的
	M L	语气温和：说话轻声细语		M L	循规蹈矩：按规则行事
18	M L	心甘乐意：乐于助人	25	M L	爱辩论：喜欢争辩
	M L	热切渴望：有强烈的欲望要做某些事		M L	有条理：做事思路清晰
	M L	彻底：做事有始有终		M L	愿意合作：能与他人融洽合作
	M L	情绪高昂：兴致勃勃，精力充沛		M L	心情开朗：无忧无虑、心情愉快
19	M L	积极进取：行动强而有力	26	M L	快乐逍遥：充满快乐、俏皮
	M L	外向：爱交际、兴致勃勃		M L	精益求精：喜欢任何事情都准确无误
	M L	和蔼可亲：随和、真诚		M L	直截了当：大胆、坦率
	M L	瞻前顾后：顾虑重重、犹豫不决		M L	脾气温和：不轻易发怒
20	M L	充满信心：有自信	27	M L	坐立不安：寻求改变
	M L	有同情心：为他人的忧而忧		M L	友善：友好、乐于助人
	M L	公正：平等地对待所有人		M L	有感染力：有吸引力、讨人欢心
	M L	肯定的：确信而强有力		M L	小心谨慎：专注以避免犯错
21	M L	纪律严明：按计划行事	28	M L	尊重他人：为他人着想
	M L	慷慨大方：愿意与人分享、毫不自私		M L	领导先锋：喜爱新事物
	M L	生气勃勃：活泼、主动溢于言表		M L	乐观：总是往好的一面看
	M L	执着：不轻易放弃		M L	乐于助人：喜爱帮助他人

	最像（M） 第一列	最不像（L） 第二列		最像（M） 第一列	最不像（L） 第二列
1	I D C S	N D C S	8	N C S D	I N S D
2	C D I S	C D I N	9	C S I D	C S I D
3	I C D S	I C D S	10	N I S C	D I N C
4	I C S D	I C S D	11	C S D I	C S D I
5	D C I S	D N I S	12	I S C N	I S C D
6	S I C N	S N C D	13	D S I C	D S I C
7	I C D S	I C D S	14	N S D I	C S D I

续表

	最像（M）第一列	最不像（L）第二列		最像（M）第一列	最不像（L）第二列
15	I C D S	I C D S	22	I C D S	I C D S
16	C D S I	C D S I	23	I C D S	I C D S
17	I S D C	I N D C	24	I S D C	I S D C
18	S D C I	S N C I	25	D C S I	D C N I
19	D I S N	D I S C	26	I C D S	I C D S
20	I S C D	I S C D	27	D S I C	D S I C
21	C S I D	C S I D	28	N D I S	C D N S

表一

第一列 最多	D	I	S	C	N	总数	应该等于
							28

表二

第二列 最少	D	I	S	C	N	总数	应该等于
							28

计算 D "最多" 和 "最少" 之间的差值，如果 "最多" 栏的数大于 "最少" 栏的数，就标上 "＋" 号；如果 "最多" 栏的数小于 "最少" 栏的数，就标上 "－" 号；差值写在下面。对 I，S，C 同样。

表三

第一、二列 差值	D	I	S	C	N	注意：数字前面要加上"+"或"-"
					不计算	

第一步：将表一中的 D 转化到图 1 上。在 D 下面相应的数字上画小黑圈。（I，S，C 依此类推）

第二步：将表二中的 D 转化到图 2 上。在 D 下面相应的数字上画小黑圈。（I，S，C 依此类推）

第三步：将表三中的 D 转化到图 3 上。在 D 下面相应的数字上画小黑圈。（I，S，C 依此类推。要注意 "＋" 和 "－"）

第四步：用直线连接所有的小黑圈。

第五步：将图 3 中的最高点圈出来，并注意在横线以上的第二高的点。

性格体系分析

姓名 _____ 女 ___ 男 ___ 日期 _____

班级 _____ 学号 _____

图1：面具，公众面前力图做到的自我

D	I	S	C	
26	21	20	17	
				7
12	13	13	11	
11	12	12	10	
	11			
10		11		
	10		9	6
9		10		
	9			
8			8	
	8		7	5
7	7	9		
6				
		8		
5	6	7	6	4
4	5	6	5	3
	4	5	4	
		4	3	
3	3			2
2			2	
		3		
	2	2		
1	1	1	1	1
0	0	0	0	

图2：本质，真正的自我

D	I	S	C	
0	0	0	0	
1	1		1	7
2			2	
3			3	
	2	1		
4				6
	3		4	
5				
		2		
6	4		5	5
7	5		6	
		3		
8	6		7	4
9		4		
10		5	8	
11	7		9	3
12	8	6	10	
13	9	7	11	2
14	10		12	
15	11	8	13	
16	12	9	14	1
24	18	17	26	

图3：镜子，别人眼中的自我

D	I	S	C	
+26	+20	+19	+17	
		+13		
+9		+11	+8	7
+7	+11	+10	+6	
	+10			
+6	+9	+9		
+5	+8		+5	
+4	+7	+8		6
+3	+6		+4	
+2	+5	+7		
+1	+4		+3	
0	+3	+6		
−1	+2		+2	5
−2	+1	+5	+1	
−3			0	
	0	+4	−1	
−4		+3	−2	4
−5	−1		−3	
−6	−2	+2	−4	
−7	−3	+1	−5	3
−8	−4	0	−6	
−9	−5	−1	−7	
−10	−6	−2	−8	2
		−3	−9	
−12	−7	−4	−10	
−13	−9	−5	−11	
−15	−11	−6	−14	1
−24	−18	−14	−22	

附录3

绘制平衡轮

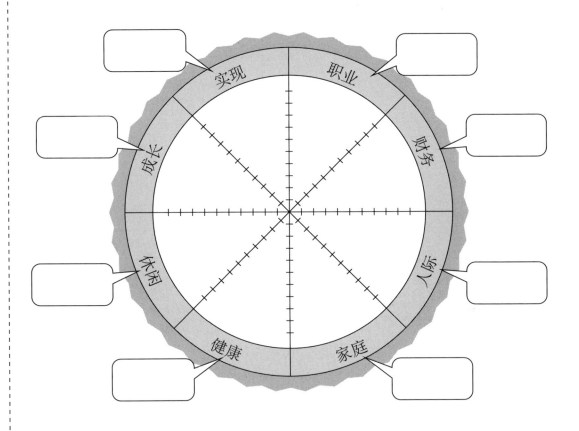

附录 4

日常生活安排表

_____ 学期第 _____ 周 _____ 月 _____ 日至 _____ 月 _____ 日

项目	星期一	星期二	星期三	星期四	星期五	星期六	星期日
6:00—8:40							
8:40—10:10							
10:25—11:55							
11:55—13:30							
13:30—15:00							
15:15—16:45							
17:20—20:00							
20:00—22:30							
幸福分							
成就分							
快乐吗？如果有，"小确幸"是什么？如果没有，原因是什么？							
学到了什么？如果没有，原因是什么？							
创造了什么？如果没有，原因是什么？							
感恩了什么？如果没有，原因是什么？							
做错了什么？如果没有，那做对了什么？							

附录 5

自评表

新版《哈佛幸福课》——SPIRE幸福自测表

	精神	身体	心智	关系	情绪
	❶ 意义之路 ❷ 正念之路	❸ 运动之路 ❹ 疗愈之路	❺ 失败之路 ❻ 自省之路	❼ 关系之路 ❽ 给予之路	❾ 接纳之路 ❿ 感恩之路
打分 （1~10 分）					
打分原因					
改变行动					

后 记

今年我正好从教满 30 周年，苏州市教育局给我发了一个大大的红色证书。暑假回母校南京师范大学参加毕业 30 周年庆典。会上每位同学谈人生感悟。我是这么说的："我很骄傲这辈子只从事了一个职业，那就是教师，而且是职业教育领域的教师。前七年在中职院校，后二十三年在高职院校。如果要问我，这辈子最大的成就是什么，那就是我做了一件事情：让我的众多职业院校的学生昂起头，找到自己，找到自信。""幸福生涯"这门课，就是为这个目的而研发的，也是徐倩幸福生涯工作室的主打课程。今天和刘一霖编辑坐在工作室的圆桌前，泡着香茶，从早上 9 点到晚上 6 点审核此教材书稿，联系教材中的故事主人公，内心百感交集。终于，这门课基本建成，继前两年《就业指导实践教程（活页版）》《生涯探索实践教程（活页版）》出版，第三本教材即将付梓，为学生建构全程生涯教育课程体系的目标基本实现。

本书焦点：幸福。"培养幸福的学生，成就幸福的老师；培养幸福的老师，成就幸福的学生。让师生互相成就，都成为幸福的践行者与传播者"，这是工作室的愿景，这正好也顺应了学院提出的建设"幸福校园"的理念。2017 年工作室成立。感谢我的师父——鹏程管理学院院长王鹏程老师。在学习了他的版权课"职场幸福课"后，我开发出针对职教老师的"教师职场幸福课"，至今已做了 53 场讲座。2019 年，在这个基础上研发出针对学生的公共选修课"幸福生涯"。这门课程以积极心理学理论为依托，以积极心理学之父塞利格曼提出的 PERMA 理论为授课框架，融入"哈佛幸福课"主讲沙哈尔教授的 SPIRE 理论、中国积极心理学引路人彭凯平教授的"八正法""五施法"等观点，以及诸多生涯教育内容和生涯工具。在幸福学研究方面，我是一个新兵，理论根基很浅。此本教材是我授课 PPT 的呈现，尽管很不成熟，但我斗胆拿出来献丑，逼自己先完成再完善，小步迭代，在实践中打磨。

本书亮点：学生。这本书最有价值的部分应该是学生的故事。每个幸福元素我都是用学生的故事导入。这些学生都是和我发生了深度情感连接的学生，都是我院活出真我风采的优秀学生，是我三年前、十年前、二十年前的学生。我们都彼此走进了对方的生命。职业院校的不少学生自卑是不争的事实。学生们以为自己成绩不好，没考上普高或没考上本科，是个失败者，但我告诉他们："每个人都身怀天赋，或动手能力强，或内心柔软，或有创意，或擅长社会交往，而这些往往试卷没法考出来。你们不是失败者。Everybody is OK。我的课程就是帮助大家找寻自己、发现自己。这三十年我看到太多优秀的职业院校的学生，比如教材故事中的主人公，你们也可以像他们一样，找到自己的天赋优势并全然绽放。"今天我一一打电话给故事主人公，他们中有在江西景德镇开造纸工作室的陈琦，有在舟山电视台当记者的刘凯，有在深圳做财务总监的张云，最远的是在美国亚利桑那州读博的石爱鹏。听到他们的故事将被编进教材，还能影响更多学弟、学妹，他们都十分开心，同意我引用他们的真名和照片。由于PPT版教材的局限，没听过课程的同学还是不能全面了解他们的故事，因此我还预告了一下，未来我特别想做一件事，就是把他们的故事拍成纪录片，把片子的二维码放在教材中，让更多的学生扫一扫码就能走近他们。

所以，《幸福生涯实践教程》这本教材，一方面传授给大家基本的幸福知识和获得幸福的方法，另一方面见证了我和学生如何过上一种幸福完整的教育生活。

2023 年 10 月 8 日

苏州工业园区职业技术学院

徐倩幸福生涯工作室

徐　倩